사경(寫經)의 공덕

1. 사경의 유래

　사경은 부처님의 법신사리(法身舍利)를 조성하는 행위이다. 그렇기 때문에 우리 조상들은 부처님을 직접 친견하는 것 이상으로 정성을 다해 사경에 임했음을 여러 기록을 통해 알 수 있다. 그럴 때 부처님은 우리 앞에 현신하시기 때문이다. 또한 우리 앞에 거룩한 부처님 법이 존재하고 마음 속에 스며들며 행동으로 이어지게 된다. 이것은 곧 깨달음이다.

　경전을 옮겨 적는다는 의미의 사경(寫經)은 옛날 인쇄술이 발달하기 이전에 경전을 베껴 책을 만들어서 유포하기 위해 시작되었으며, 사경의 시초는 패엽(貝葉)에 범어를 기록한 패엽불전(貝葉佛典)이다.

　기원전 후 인도 서북부에 일기 시작한 대승불교 운동은 재가신도(在家信徒)의 신앙과 보살도(菩薩道)를 중시했기 때문에 부처님 가르침을 널리 펴는 불경유포(佛經流布)를 위해 사경 공덕을 강조했다.

　우리나라에 현존하는 최고(最古)의 사경은 신라시대의 것으로 백지에 먹으로 쓴 대방광불화엄경(大方廣佛華嚴經)이며, 고려시대에는 사경이 널리 행해져 국가에서 사경원(寫經院)을 설치하기도 하였다.

　사경을 통해 완성된 경전 말씀은 보통 불상이나 탑 등에 봉안되었는데, 불국사 석가탑에 모셔졌다가 얼마 전에 발견된 세계 최고 목판본 무구정광다라니(無垢淨光陀羅尼)가 그 대표적인 예이다.

　그러나 요즈음은 예와 달리 스스로 그 마음을 밝혀가는 기도 수행의 한 방편으로 사경이 많이 행해지고 있다. 현재 널리 행해지고 있는 사경의 일반적인 성격은 기도를 겸한 신앙적 차원에서 이루어진다.

2. 사경의 종류

　사경의 종류는 사경에 사용한 재료와 제본 방법 등에 따라서 나눌 수 있다.

가. 재료에 따른 분류 :

　①먹으로 쓴 묵서경(墨書經)

② 금으로 된 금자경(金字經)
③ 은으로 된 은자경(銀字經)
④ 피로 쓴 혈사경(血寫經) 등이 있다.

나. 제작동기에 따른 분류

① 무량공덕을 얻기 위한 공덕경(功德經)
② 명복을 빌기 위한 추선(追善) 공양경, 망자(亡者) 정토왕생
③ 공덕회향으로 자손번영과 질병 치유를 기원한 결연경(結緣經) 등이 있다.

그 밖에 한국에서 성행한 주요한 목적은 호국(護國)과 어버이 및 동인과 사자 천도(薦度) 등이 있다.

3. 사경(寫經)의 공덕

"사경의 공덕이 탑을 조성하는 것보다 수승하다."

〈묘법연화경 법사품〉

"무수한 세월 동안 무량보배로 공양하는 것보다 사경 수지 독송하는 공덕이 이를 통해 해탈을 공덕이 수승하다."

〈법화경 사경공덕품〉

이처럼 경을 읽고 이해하며 독송하는 공덕이 크다는 것은 말할 나위가 없으며, 그러한 공경하는 마음으로 사경을 하며 그 공덕은 말로 다할 수 없는 것이다. 또한 정성과 예경의 마음으로 내용을 필사하고 기원하는 목적에 따라 순금 또는 은니로 쓰는 경우가 있고, 법사리 공양 용도로 배공되기도 하며, 불상의 복장(腹藏)이나 탑 속 사리기의 일부로 봉안되기도 하고 공양·기원 차원으로 개인적 기원의 발원으로 제작되기도 한다.

기품이 출중한 사경을 이루게 될 것이다.
또한 경전의 마음으로 심혈을 기울여 수지 독송하며 필사에 매진한다면 불심의 수승함 이룰 수 있고 사경수행과 공동이며 심신의 재계가 될 것이다.

사경을 제작함에 있어 최상의 공덕을 얻을 수 있다.

① 부처님의 가르침을 바르게 이해하게 된다.

② 심한 번민과 갈등이 가라앉고 편안한 마음을 얻는다.
③ 오랜 병고가 사라지고 심신이 굳건해진다.
④ 속세의 업장이 소멸되고 마음이 무한한 환희심으로 충만하게 된다.
⑤ 원하는 바가 이루어지고 한량없는 불보살님의 가피를 지니게 된다.
⑥ 인욕과 정진의 힘이 굳건해져서 어떤 어려운 일도 원만히 성취하게 된다.
⑦ 상세 선망부모와 누세 종친·원근친척·일체 고혼들을 위해 쓰면 모두 고통세계를 여의고 해탈자재할 수 있게 된다.

4. 사경하는 불자의 자세

부처님 말씀을 옮겨 적는 사경은 우선적으로 간경(看經)의 과정을 거쳐야 한다. 먼저 경전의 내용을 알고 사경을 해야 하는 것이다. 그렇지 않으면 앵무새 흉내 내기에 불과하기 때문이다. 그것은 수행도 공덕도 될 수 없다. 그저 베껴 쓰는 수고로움만 더할 뿐이다. 따라서 부처님의 가르침을 먼저 익힌 후에 사경에 임해야 하며, 그럴 때 부처님 말씀은 깨달음을 가져다 준다.

한편 경을 옮겨 적는 일은, 경전의 글자 하나하나에 정성들여 마음을 쏟아야 하므로 먼저 마음을 사경에 집중하고 순일화 시켜야 한다. 따라서 사경 방법의 근본은 한 자도 결코 소홀함이 없이 정성과 신명을 다해서 쓰는 것이다.

기록에는 사경을 함에
 ① 한 글자 쓰고 나서 한 번 절하는 일자일배(一字一拜)
 ② 한 글자 쓰고 세 번 절하는 일자삼례(一字三禮)
 ③ 한 줄 쓰고 세 번 절하는 일행삼례(一行三禮) 등의

문구가 보이는데, 이렇듯 사경을 함에 있어 글자 한 자 쓸 때마다 부처님이나 보살님께 합장하는 간절한 마음으로 임해야 한다.

사경은 다만 경을 쓰고 이해하는 것을 넘어 철저한 신행으로 이어지는 것이며, 자기의 원력과 신앙을 사경의 행의 속에서 키워가는 데 목적이 있다. 진실한 사경은 정진의 힘에서 나온다.

5. 사경의 구체적인 방법

① 사경을 하는 곳은 어떤 장소이든 무방하지만 정면에 불상을 놓든지 혹은 책상

에게 중요 과일수지 등의 마음이 안정되고 정서적 안정감이 있도록 분위기를 재공한
환경으로 조성한다.

② 사경에 임할 때에는 그 뜻과 마음을 경건히 하여 사경한다.
③ 맑기로운 북·서·남·배부·영대방향 등이 등과 관계없이 가능한 한 좋은 쪽을 택하도록 하고, 그 사경을 정숙한 분위기로 사용하는 것이 좋다.
④ 따라서 기념적 공간(종계)에도 안정감을 많이 주어 하는 것이 좋다.
⑤ 별이의 동쪽 출래 앉거나 가부좌 자세로 앉게(의자식) 혹은 테이블이나 사경이 잘 되도록 사용한다.
⑥ 사경을 할 때 태도는 경건한 분위기 조성이 되어야 한다. 외쪽 조장으로 사경을 받드는 마음과 오, 염주 등을 그 앞에 뒤 그를 모르본 연후 사경에 임이 정성 그리고 공경하여 사경한다.
⑦ 7일, 21일, 49일, 백일 100일까지 길이 기간으로 경전을 필사 혹은 단경, 이 기간동안 하루도 빼놓음이 없다.
⑧ 다 쓴 사경은 길 잘 보관해야 한다. 오광하기나 염은 데는 명광일은 것은 광장이 큰 태만이다. 공 잘 된 사경은 큰 공덕이다, 큰 공덕이니 통장이 되어 업이 소멸되고, 이 공덕이 탈보게 되는 것이다.

그 좋다.

6. 사경의 장치 및 예문

가. 사경의이 질자

이에 창의 사축재계를 하고 참회 및 정창 등 공경의 조불을 가진다. 아 배 예봅, 염창 등을 정창하게 한다.

남가라미 — 몸에 변환이 생길에 지워진다.
개강계 — 경전을 여는 계의을 낚창한다.
사방발원문 — 사경자의 이들의 없이 발원문을 창창하여 있는다.
입정 — 성작하고 사고자하고 정공을 긴장 정공 독송한다.
입장 — 사경하기 전, 마음을 미감 안정시킨다.
사경 — 사경한다.(사경 중에는 가래 등을 입에 두고 사이드 쓴다.)
사경회양축 — 사경한 경전과 소리 내어 독숭한다.
사경회향발원 — 사경자가 평소에 생각하고 상상하여 물기들을 발원 회향
한다.
사홍서원 — 네 가지 맹세의 큰 서원을 상상하고 마집다.

화엄경 개설

　화엄경은 불타의 성도 내용이다. 원시 근본불교가 인간 석가의 이력을 중심으로 가르침을 폈고, 상좌부 전승유지파에서는 부처님의 행상을 중심으로 전포하였으며, 대중부 취의준봉파에서는 그 뜻을 요약하여 실천하였기 때문에 대승불교와 소승불교가 갈라지게 된 것이다.

　대승불교 가운데서도 천태·중관파에서는 구불교를 배경으로 빈 성품(空性)을 주로 가르쳤고, 요가계통의 신불교 가운데서는 실상파를 배경으로 위대한 바른 마음으로 깨달음을 성취하는 방법을 가르쳤다.

　그래서 중국에서는 ①두순 ②지엄 ③현수 ④청량 ⑤규봉 스님과 여기에 ⑥마명 ⑦용수를 붙여 5조 내지 7조설을 주장한 사람들도 있고, 인도에서는 거기에 화엄경의 문수·보현·세친을 넣어 10조설을 주장하는 사람들도 있었다. 그러나 우리나라에서는 원효와 의상이 화엄경을 널리 펴고 가르쳤으니, 한국의 입장에서 보면 12조설이 가능해진다.

　용수보살은 바다 속에 들어가 10조 9만 5천 48자인 10종 화엄경을 가지고 나와 대지도론(十不可思議解脫境界)를 저술하면서 80권 화엄경을 간략하게 정리한 약찬게를 지었고, 의상대사는 60권 화엄경을 중심으로 법성게를 읊었으며, 고려 때 균여스님은 40화엄경을 중심으로 보현행원가 11수를 지어, 이것이 외국에까지 널리 알려졌다.

　세친보살은 10지론과 6상원융을 써서 보살불교의 실천을 10바라밀과 총·별, 동·이, 성·괴의 원리로 구성하고, 마명보살은 기신론을 써서 우주의 실상을 진여연기론으로 판가름해 놓았다.

　결론적으로 80경 화엄경 한 질 안에는 불교의 우주 인생관을 과학적으로, 철학적으로 그리고 문학적으로 구성함으로써 세상의 미혹을 없애고 중생을 고통으로부터 구제하는 새로운 종교로 구축해 놓았기 때문에 러시아의 문호 톨스토이는 "불교가 없이는 이 세상 살 맛이 나지 않는다" 하였고, 아인슈타인은 20세기의 가장 위대한 종교는 화엄경에서부터 시작되어야 한다고 주장하였다.

　그러므로 금강선원에서는 21세기 새 시대에 접해서 1700년 한국전통불교를 계승하고 2500년 부처님 불교를 부흥하는 입장에서 아래와 같이 사경대학을 개원하니 뜻이 있는 자는 누구나 동참하여 견성성불과 광도중생의 길잡이가 되어 주시기 바란다.

爲위	寶보		成성	提제		
嚴엄	輪륜	其기	正정	國국	如여	世세
飾식	及급	地지	覺각	阿아	是시	主주
諸제	衆중	堅견		蘭란	我아	妙묘
色색	寶보	固고		若약	聞문	嚴엄
相상	華화	金금		法법	一일	品품
海해	淸청	剛강		菩보	時시	
無무	淨정	所소		提리	佛불	第제
邊변	摩마	成성		場장	在재	一일
顯현	尼니	上상		中중	摩마	之지
現현	以이	妙묘		始시	竭갈	一일

사경의 공덕은 십만억 부처님께 공양한 것과 같은 공덕이 있습니다.   大方廣佛華嚴經   1

摩마	音음	垂수	無무	寶보	故고	影영
尼니	衆중	布포	盡진	樹수	令령	現현
爲위	寶보	摩마	寶보	行행	此차	
幢당	羅라	尼니	及급	列렬	道도	
常상	網망	寶보	衆중	枝지	場량	
放방	妙묘	王왕	妙묘	葉엽	一일	
光광	香향	變변	華화	光광	切체	
明명	華화	現현	分분	茂무	莊장	
恒항	瓔영	自자	散산	佛불	嚴엄	
出출	周주	在대	於어	神신	於어	
妙묘	帀잡	雨우	地지	力력	中중	

大方廣佛華嚴經　2

光광	間간	尼니	寶보	爲위	爲위	
明명	列열	而이	華화	枝지	身신	其기
中중	其기	爲위	雜잡	條조	瑠유	菩보
雨우	樹수	其기	色색	寶보	璃리	提리
摩마	周주	果과	分분	葉엽	爲위	樹수
尼니	圓원	含함	枝지	扶부	幹간	高고
寶보	咸함	暉휘	布포	疏소	衆중	顯현
摩마	放방	發발	影영	垂수	雜잡	殊수
尼니	光광	焰염	復복	陰음	妙묘	特특
寶보	明명	與여	以이	如여	寶보	金금
內내	於어	華화	摩마	雲운	以이	剛강

所소	嚴엄		有유	提리	現현	有유
集집	麗려	如여	盡진	樹수	又차	諸제
成성	充충	來래	極극	恒항	以이	菩보
種종	徧변	所소		出출	如여	薩살
種종	十시	處처	妙묘	來래	其기
寶보	方방	宮궁	音음	威의	衆중
華화	衆중	殿전	說설	神신	如여
以이	色색	樓루	種종	力력	雲운
爲위	摩마	閣각	種종	故고	俱구
莊장	尼니	廣광	法법	其기	時시
校교	之지	博박	無무	菩보	出출

사경의 공덕은 십만억 부처님께 공양한 것과 같은 공덕이 있습니다.　　　　大方廣佛華嚴經　4

諸諸莊嚴具流光光如雲從宮殿

間萃影成其幢無邊菩薩雲從道場諸

衆會咸集其所以能出現道諸

佛光明不思議所摩尼寶王諸

而爲其網如來議自在摩尼神通之

力所有其境界皆從中出一切之

衆生居處屋宅皆於此中現

사경의 공덕은 십만억 부처님께 공양한 것과 같은 공덕이 있습니다.

其影像又以諸佛神力所加

一念之間悉包法界妙好摩尼

爲其師子座高廣妙寶以尼

爲其臺蓮華衆網淸淨而作

堂榭樓閣階砌戶牖凡諸瓔珞物

像備體莊嚴寶樹枝果周廻

사경의 공덕은 십만억 부처님께 공양한 것과 같은 공덕이 있습니다.

　　　　處如燭髻方間
爾不來復中諸列
時及廣以妙佛摩
世　大諸寶化尼
尊　境佛悉現光
處　界威放珠雲
于　妙神光玉互
此　音所明一相
座　遐持而切照
於　暢演來菩耀
一　無說瑩薩十

一切於諸國土平等隨入
境界無所分別又如虛空隨入普諸
譬如虛空普順具十方含衆像於諸
其音身普充滿十方一切世間
其智入三世悉皆平等
切法成最正覺

衆中明淸而無
身世中三淨恒邊
恒世界　世示色
徧光所　恒相
坐赫行生圓
一奕衆諸滿
切如福佛光
道日大國明
場輪海土徧
菩出悉　周
薩照已

法界等無差別　演一切法　如布大雲　一一毛端　悉能容受一切世界而無障礙　各現無量神通之力　教化調伏一切衆生　身徧十方而無來往　智入諸相　了法空寂

光(광)	賢(현)	摩(마)			思(사)	明(명)
照(조)	菩(보)	訶(하)	有(유)	議(의)	中(중)	三(삼)
菩(보)	薩(살)	薩(살)	十(십)	劫(겁)	靡(미)	世(세)
薩(살)	摩(마)	所(소)	佛(불)	所(소)	不(불)	諸(제)
摩(마)	訶(하)	共(공)	世(세)	有(유)	咸(함)	佛(불)
訶(하)	薩(살)	圍(위)	界(계)	莊(장)	觀(도)	所(소)
薩(살)	普(보)	遶(요)	微(미)	嚴(엄)	一(일)	有(유)
普(보)	德(덕)	其(기)	塵(진)	悉(실)	切(체)	神(신)
光(광)	最(최)	名(명)	數(수)	令(령)	佛(불)	變(변)
師(사)	勝(승)	曰(왈)	菩(보)	顯(현)	土(토)	於(어)
子(자)	燈(등)	普(보)	薩(살)	現(현)	不(부)	光(광)

사경의 공덕은 십만억 부처님께 공양한 것과 같은 공덕이 있습니다.

菩	薩	菩	境	菩	菩	幢
보	살	보	경	보	보	당
薩	摩	薩	菩	薩	薩	菩
살	마	살	보	살	살	보
摩	訶	摩	薩	摩	摩	薩
마	하	마	살	마	마	살
訶	薩	訶	摩	訶	訶	摩
하	살	하	마	하	하	마
薩	普	薩	訶	薩	薩	訶
살	보	살	하	살	살	하
普	清	普	薩	普	普	薩
보	청	보	살	보	보	살
光	淨	覺	普	智	音	普
광	정	각	보	지	음	보
明	無	悅	寶	光	功	寶
명	무	열	보	광	공	보
相	盡	意	髻	照	德	焰
상	진	의	계	조	덕	염
菩	福	聲	華	如	海	妙
보	복	성	화	여	해	묘
薩	光	菩	幢	來	幢	光
살	광	보	당	래	당	광

사경의 공덕은 십만억 부처님께 공양한 것과 같은 공덕이 있습니다.　　　　　大方廣佛華嚴經　12

摩訶薩 訶薩普智雲日幢菩薩摩訶
訶薩善勇猛蓮華髻菩薩摩訶薩摩
薩功德自在王大光菩薩摩訶薩摩
薩功德寶髻智生藏菩薩摩訶訶
雲音海光無垢明菩薩摩訶
海月光大明菩薩
摩訶薩

사경의 공덕은 십만억 부처님께 공양한 것과 같은 공덕이 있습니다.

薩살	薩살	明명	福복	等등	塵진	
大대	香향	德덕	光광	而이	數수	此차
精정	焰염	深심	智지	爲위		諸제
進진	光광	美미	生생	上상		菩보
金금	幢당	音음	菩보	首수		薩살
剛강	菩보	菩보	薩살	有유		往왕
齋재	薩살	薩살	摩마	十십		昔석
菩보	摩마	摩마	訶하	佛불		皆개
薩살	訶하	訶하	薩살	世세		與여
摩마	薩살	薩살	如여	界계		毘비
訶하	大대	大대	是시	微미		盧로

사경의 공덕은 십만억 부처님께 공양한 것과 같은 공덕이 있습니다.

化 화	德 덕	辯 변	觀 관	羅 라	行 행	遮 자
伏 복	尊 존	才 재	三 삼	蜜 밀	皆 개	那 나
	嚴 엄	如 여	世 세	悉 실	從 종	如 여
	可 가	海 해	於 어	已 이	如 여	來 래
	敬 경	廣 광	諸 제	圓 원	來 래	共 공
	知 지	大 대	三 삼	滿 만	善 선	集 집
	眾 중	無 무	昧 매	慧 혜	根 근	善 선
	生 생	盡 진	具 구	眼 안	海 해	根 근
	根 근	具 구	足 족	明 명	生 생	修 수
	如 여	佛 불	淸 청	徹 철	諸 제	菩 보
	應 응	功 공	淨 정	等 등	波 바	薩 살

사경의 공덕은 십만억 부처님께 공양한 것과 같은 공덕이 있습니다.

踐천	之지		恒항	於어	解해
如여	境경	了요	與여	一일	脫탈	入입
來래	善선	達달	智지	地지	甚심	法법
普보	知지	諸제	俱구	而이	深심	界계
光광	一일	佛불	盡진	以이	廣광	藏장
明명	切체	希희	未미	一일	大대	智지
地지	佛불	有유	來래	切체	能능	無무
入입	平평	廣광	際제	願원	隨수	差차
於어	等등	大대		海해	方방	別별
無무	法법	秘비		所소	便편	證증
量량	已이	密밀		持지	入입	佛불

三身廣不 其隨
昧世大退 身願
海法輪集 一往
門所 衆切已
於行法 如曾
一悉 來供
切同辯海 功養
處其才 德一
皆事善 在切
隨總巧 國諸
現持轉 海土佛
         咸皆

사경의 공덕은 십만억 부처님께 공양한 것과 같은 공덕이 있습니다.

無	來	不	一	是		剛
邊	得	捨	切	復		神
際	菩	恒	衆	有	無	所
劫	提	以	生	佛	量	謂
歡	處	所	智	世	功	妙
喜	常	得	身	界	德	色
無	在	普	具	微		那
倦	其	賢	足	塵		羅
一	中	願	成	數		延
切	親	海	就	執		執
如	近	令	如	金		金

사경의 공덕은 십만억 부처님께 공양한 것과 같은 공덕이 있습니다.

金금	光광	大대	剛강	音음	須수	剛강
剛강	明명	樹수	神신	執집	彌미	神신
神신	執집	雷뢰	可가	金금	華화	目일
蓮연	金금	音음	愛애	剛강	光광	輪륜
華화	剛강	執집	樂락	神신	執집	速속
光광	神신	金금	光광	諸제	金금	疾질
摩마	密밀	剛강	明명	根근	剛강	幢당
尼니	焰염	神신	執집	美미	神신	執집
髻계	勝승	師사	金금	妙묘	淸청	金금
執집	目목	子자	剛강	執집	淨정	剛강
金금	執집	王왕	神신	金금	雲운	神신

사경의 공덕은 십만억 부처님께 공양한 것과 같은 공덕이 있습니다.

剛神 如是等 而爲上首 有無量佛世界微塵數 皆於往昔親近供養 到彼岸 隨發大願 已得圓滿 積集無邊清淨福業 於諸三昧所行之境 悉已明 於諸佛所 常得親近 恒隨大願 所行無邊 清淨福業 悉已明

사경의 공덕은 십만억 부처님께 공양한 것과 같은 공덕이 있습니다.

	之	在	而	光	思	達
復	處	皆	示	特	議	獲
有	常	隨	調	達	解	神
佛	勤	化	伏	隨	脫	通
世	守	往	一	諸	境	力
界	護	一	切	衆	界	隨
微		切	諸	生	處	如
塵		如	佛	所	於	來
數		來	化	應	衆	住
身		所	形	現	會	入
衆		住	所	身	威	不

사경의 공덕은 십만억 부처님께 공양한 것과 같은 공덕이 있습니다.

不持神威衆照神
동지신위중조신
動身淨儀神十所
동신정의신시소
光衆光身淨方謂
광중광신정방위
明神香衆華身華
명신향중화신화
身普雲神嚴衆髻
신보운신엄중계
衆現身最髻神莊
중현신최계신장
神攝衆上身海嚴
신섭중상신해엄
如取神光衆音身
여취신광중음신
是身守嚴神調衆
시신수엄신조중
等衆護身無伏神
등중호신무복신
而神攝衆量身光
이신섭중량신광

爲上首 有 佛 世界 微塵數 皆

於往昔 成就 大願 供養 承事

一切 復有 諸 佛 世界 微塵數

神 所謂 寶印手 足 微塵數 神 蓮華行 神

光足 行 神 清淨 華鬘 足 行 神

攝諸善見足行神 妙寶星幢

不불	去거	首수	妙묘	行행	檀단	足족
捨사	無무	有유	華화	神신	樹수	行행
	量량	佛불	足족	微미	光광	神신
	劫겁	世세	行행	妙묘	足족	樂락
	中중	界계	神신	光광	行행	吐토
	親친	微미	如여	明명	神신	妙묘
	近근	塵진	是시	足족	蓮연	音음
	如여	數수	等등	行행	華화	足족
	來래	皆개	而이	神신	光광	行행
	隨수	於어	爲위	積적	明명	神신
	逐축	過과	上상	集집	足족	栴전

雲運	神신	光광	場량	彌미	神신	
道도	勇용	髻계	神신	寶보	所소	復부
場량	猛맹	道도	雨우	光광	謂위	有유
神신	香향	場량	華화	道도	淨정	佛불
蓮연	眼안	神신	妙묘	場량	莊장	世세
華화	道도	雨우	眼안	神신	嚴엄	界계
光광	場량	寶보	道도	雷뇌	幢당	微미
明명	神신	莊장	場량	音음	道도	塵진
道도	金금	嚴엄	神신	幢당	場량	數수
場량	剛강	道도	華화	相상	神신	道도
神신	彩채	場량	纓영	道도	須수	場량

사경의 공덕은 십만억 부처님께 공양한 것과 같은 공덕이 있습니다.

妙	爲	於	廣		神	嚴
光	上	過	興	復	所	宮
照	首	去	供	有	謂	殿
耀	有	值	養	佛	寶	主
道	佛	無		世	峯	城
場	世	量		界	光	神
神	界	佛		微	耀	清
如	微	成		塵	主	淨
是	塵	就		數	城	喜
等	數	願		主	神	寶
而	皆	力		城	妙	主

사경의 공덕은 십만억 부처님께 공양한 것과 같은 공덕이 있습니다.

於 어	爲 위	妙 묘	明 명	神 신	焰 염	城 성
無 무	上 상	寶 보	主 주	盛 성	眼 안	神 신
量 량	首 수	光 광	城 성	福 복	主 주	離 이
不 부	有 유	明 명	神 신	光 광	城 성	憂 우
思 사	佛 불	主 주	香 향	明 명	神 신	淸 청
議 의	世 세	城 성	髻 계	主 주	焰 염	淨 정
劫 겁	界 계	神 신	莊 장	城 성	幢 당	主 주
嚴 엄	微 미	如 여	嚴 엄	神 신	明 명	城 성
淨 정	塵 진	是 시	主 주	淸 청	現 현	神 신
如 여	數 수	等 등	城 성	淨 정	主 주	華 화
來 래	皆 개	而 이	神 신	光 광	城 성	燈 등

사경의 공덕은 십만억 부처님께 공양한 것과 같은 공덕이 있습니다.

神신	觀관	地지	福복	神신		所소
香향	時시	神신	莊장	所소	復부	居거
毛모	主주	普보	嚴엄	謂위	有유	宮궁
發발	地지	散산	主주	普보	佛불	殿전
光광	神신	衆중	地지	德덕	世세	
主주	妙묘	寶보	神신	淨정	界계	
地지	色색	主주	妙묘	華화	微미	
神신	勝승	地지	華화	主주	塵진	
悅열	眼안	神신	嚴엄	地지	數수	
意의	主주	淨정	樹수	神신	主주	
音음	地지	目목	主주	堅견	地지	

聲主金為於諸　峯
主剛上往佛復開
地嚴首昔如有華
神體有發來無主
妙主佛深同量山
華地世重修主神
旋神界願福山華
髻如微願業神林
主是塵常　所妙
地等數親　謂髻
神而皆近　寶主

사경의 공덕은 십만억 부처님께 공양한 것과 같은 공덕이 있습니다.

數수	主주	普보	勝승	神신	淨정	山산
無무	山산	眼안	主주	大대	髻계	神신
量량	神신	現현	山산	力력	主주	高고
皆개	如여	見견	神신	光광	山산	幢당
於어	是시	主주	微미	明명	神신	普보
諸제	等등	山산	密밀	主주	光광	照조
法법	而이	神신	光광	山산	照조	主주
得득	爲위	金금	輪륜	神신	十시	山산
淸청	上상	剛강	主주	威위	方방	神신
淨정	首수	密밀	山산	光광	主주	離이
眼안	其기	眼안	神신	普보	山산	塵진

主_주	可_가	藏_장	神_신	舒_서	所_소	
林_림	意_의	主_주	吉_길	光_광	謂_위	復_부
神_신	雷_뇌	林_림	祥_상	主_주	布_포	有_유
妙_묘	音_음	神_신	淨_정	林_림	華_화	不_불
光_광	主_주	淸_청	葉_엽	神_신	如_여	可_가
逈_회	林_림	淨_정	主_주	生_생	雲_운	思_사
曜_요	神_신	光_광	林_림	芽_아	主_주	議_의
主_주	光_광	明_명	神_신	發_발	林_림	數_수
林_림	香_향	主_주	垂_수	耀_요	神_신	主_주
神_신	普_보	林_림	布_포	主_주	擢_탁	林_림
華_화	徧_변	神_신	焰_염	林_림	幹_간	神_신

사경의 공덕은 십만억 부처님께 공양한 것과 같은 공덕이 있습니다.

藥약	淨정	祥상		愛애	上상	果과
神신	光광	主주	復부	光광	首수	光광
毛모	明명	藥약	有유	明명	不부	味미
孔공	主주	神신	無무		思사	主주
光광	藥약	栴전	量량		議의	林림
明명	神신	檀단	主주		數수	神신
主주	名명	林림	藥약		皆개	如여
藥약	稱칭	主주	神신		有유	是시
神신	普보	藥약	所소		無무	等등
普보	聞문	神신	謂위		量량	而이
治치	主주	淸청	吉길		可가	爲위

사경의 공덕은 십만억 부처님께 공양한 것과 같은 공덕이 있습니다.

清淨主藥神 大發吼聲主藥神 蔽日光幢主藥神 明見十方主藥神 益氣明目主藥神 如是等而爲上首 其數無量 性皆離垢 仁慈祐物 復有無量主稼神 所謂柔軟勝味主稼神 時華淨光主

사경의 공덕은 십만억 부처님께 공양한 것과 같은 공덕이 있습니다.

大方廣佛華嚴經

數	主	見	華	神	精	稼
수	주	견	화	신	정	가
無	稼	者	主	妙	氣	神
무	가	자	주	묘	기	신
量	神	愛	稼	嚴	主	色
량	신	애	가	엄	주	색
莫	如	樂	神	環	稼	力
막	여	락	신	환	가	력
不	是	主	成	髻	神	勇
불	시	주	성	계	신	용
皆	等	稼	就	主	普	健
개	등	가	취	주	보	건
得	而	神	妙	稼	生	主
득	이	신	묘	가	생	주
大	爲	離	香	神	根	稼
대	위	이	향	신	근	가
喜	上	垢	主	潤	果	神
희	상	구	주	윤	과	신
成	首	淨	稼	澤	主	增
성	수	정	가	택	주	증
就	其	光	神	淨	稼	長
취	기	광	신	정	가	장

사경의 공덕은 십만억 부처님께 공양한 것과 같은 공덕이 있습니다.

光광	喜희	神신	徧변	河하	發발	
照조	主주	無무	吼후	神신	迅신	復부
普보	河하	熱열	主주	離리	流류	有유
世세	神신	淨정	河하	塵진	主주	無무
主주	廣광	光광	神신	淨정	河하	量량
河하	德덕	主주	救구	眼안	神신	主주
神신	勝승	河하	護호	主주	普보	河하
海해	幢당	神신	衆중	河하	潔결	神신
德덕	主주	普보	生생	神신	泉천	所소
光광	河하	生생	主주	十세	澗간	謂위
明명	神신	歡환	河하	方방	主주	普보

神신	宮궁	海해	現현		無무	主주
妙묘	殿전	神신	寶보	復부	量량	河하
華화	主주	遠원	光광	有유	數수	神신
龍용	海해	離이	主주	無무	皆개	如여
髻계	神신	塵진	海해	量량	勤근	是시
主주	吉길	垢구	神신	主주	作작	等등
海해	祥상	主주	成성	海해	意의	而이
神신	寶보	海해	金금	神신	利이	爲위
普보	月월	神신	剛강	所소	益익	上상
持지	主주	普보	幢당	謂위	衆중	首수
光광	海해	水수	主주	出출	生생	有유

사경의 공덕은 십만억 부처님께 공양한 것과 같은 공덕이 있습니다.

興하는雲운幢당主주水수神신海해潮조雲운音음主주

充충滿만其기身신

數수無무量량

主주水수神신所소謂위普보

主주無무量량身신悉실以이如여來래功공德덕大대

金금海해神신如여是시等등而이爲위上상首수其기

金금剛강妙묘髻계主주海해神신寶보焰염華화光광主주海해雷뇌音음

味미主주海해神신寶보焰염華화光광主주海해雷뇌音음神신

사경의 공덕은 십만억 부처님께 공양한 것과 같은 공덕이 있습니다.

數수	主주	普보	在재	神신	漩선	水수
無무	水수	現현	主주	福복	澓복	神신
量량	神신	威위	水수	橋교	主주	妙묘
常상	如여	光광	神신	光광	水수	色색
勤근	是시	主주	淨정	音음	神신	輪륜
救구	等등	水수	喜희	主주	離리	髻계
護호	而이	神신	善선	水수	垢구	主주
一일	爲위	吼후	音음	神신	香향	水수
切체	上상	音음	主주	知지	積적	神신
衆중	首수	徧변	水수	足족	主주	善선
生생	其기	海해	神신	自자	水수	巧교

사경의 공덕은 십만억 부처님께 공양한 것과 같은 공덕이 있습니다.

殿전	神신	宮궁	火화	光광		而이
如여	種종	殿전	神신	焰염	復부	爲위
須수	種종	主주	大대	藏장	有유	利이
彌미	焰염	火화	光광	主주	無무	益익
山산	眼안	神신	普보	火화	數수	
主주	主주	無무	照조	神신	主주	
火화	火화	盡진	主주	普보	火화	
神신	神신	光광	火화	集집	神신	
威위	十시	髻계	神신	光광	所소	
光광	方방	主주	衆중	幢당	謂위	
自자		宮궁	火화	妙묘	主주	普보

사경의 공덕은 십만억 부처님께 공양한 것과 같은 공덕이 있습니다.

礙애		滅멸	種종	爲위	雷뢰	在재
光광	復부		種종	上상	音음	主주
明명	有유		光광	首수	電전	火화
主주	無무		明명	不불	光광	神신
風풍	量량		令영	可가	主주	光광
神신	主주		諸제	稱칭	火화	明명
普보	風풍		衆중	數수	神신	破파
現현	神신		生생	皆개	如여	闇암
勇용	所소		熱열	能능	是시	主주
業업	謂위		惱뇌	示시	等등	火화
主주	無무		除제	現현	而이	神신

사경의 공덕은 십만억 부처님께 공양한 것과 같은 공덕이 있습니다.

數無量皆勤散滅我慢之心
主風神如是等而爲大上首其
種種宮殿所住行神無大光普照
髻大風聲徧吼所行無礙主光普風神
神大聲主風神吼神主力神能竭神樹梢神垂
莊嚴主飄擊雲幢主風能竭水主風神
風神神飄擊雲幢主風神淨光

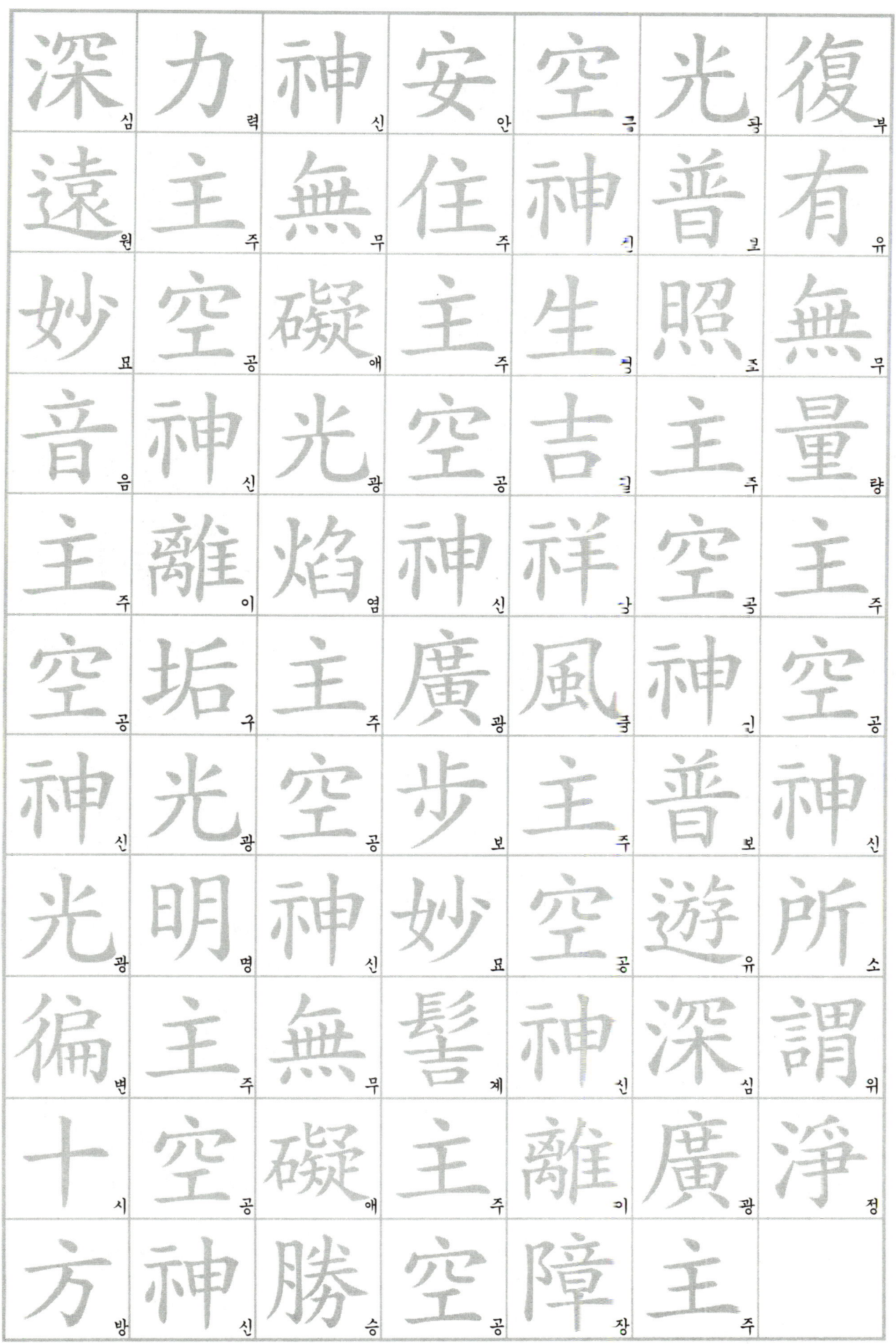

사경의 공덕은 십만억 부처님께 공양한 것과 같은 공덕이 있습니다.

神신	不불	方방	住주		數수	主주
普보	礙애	神신	一일	復부	無무	空공
遊유	主주	光광	切체	有유	量량	神신
淨정	方방	行행	主주	無무	心심	如여
空공	神신	莊장	方방	量량	皆개	是시
主주	永영	嚴엄	神신	主주	離이	等등
方방	斷단	主주	普보	方방	垢구	而이
神신	迷미	方방	現현	神신	廣광	爲위
大대	惑혹	神신	光광	所소	大대	上상
雲운	主주	周주	明명	謂위	明명	首수
幢당	方방	行행	主주	徧변	潔결	其기

사경의 공덕은 십만억 부처님께 공양한 것과 같은 공덕이 있습니다.

德덕		恒항	數수	主주	普보	音음
淨정	復부	照조	無무	方방	觀관	主주
光광	有유	十시	量량	神신	世세	方방
主주	無무	方방	能능	如여	業업	神신
夜야	量량	相상	以이	是시	主주	髻계
神신	主주	續속	方방	等등	方방	目목
喜희	夜야	不부	便편	而이	神신	無무
眼안	神신	絶절	普보	爲위	周주	亂란
觀관	所소		放방	上상	徧변	主주
世세	謂위		光광	首수	遊유	方방
主주	普보		明명	其기	覽람	神신

사경의 공덕은 십만억 부처님께 공양한 것과 같은 공덕이 있습니다.

數無量皆勤修習以法爲樂 主夜神如是等而爲上首其 諸根常喜主遊戲快出生淨福 育主夜發樹華主夜神樂神平等夜神護 神普音主夜神吉祥主等主護 海音護世精氣主現主夜神寂靜

사경의 공덕은 십만억 부처님께 공양한 것과 같은 공덕이 있습니다.

善	方	神	妙	晝	現	
선	방	신	묘	주	현	
根	主	樂	光	神	宮	復
근	주	악	광	신	궁	부
光	晝	作	主	樂	殿	有
광	주	작	주	악	전	유
照	神	喜	晝	勝	主	無
조	신	희	주	승	주	무
主	大	目	神	莊	晝	量
주	대	목	신	장	주	량
晝	悲	主	普	嚴	神	主
주	비	주	보	엄	신	주
神	光	晝	集	主	發	晝
신	광	주	집	주	발	주
妙	明	神	妙	晝	起	神
묘	명	신	묘	주	기	신
華	主	普	藥	神	慧	所
화	주	보	약	신	혜	소
瓔	晝	現	主	香	香	謂
영	주	현	주	향	향	위
珞	神	諸	晝	華	主	示
락	신	제	주	화	주	시

사경의 공덕은 십만억 부처님께 공양한 것과 같은 공덕이 있습니다.

大대	阿아	羅라		恒항	數수	主주
眷권	修수	睺후	復부	共공	無무	晝주
屬속	羅라	阿아	有유	精정	量량	神신
阿아	王왕	修수	無무	勤근	皆개	如여
修수	巧교	羅라	量량	嚴엄	於어	是시
羅라	幻환	王왕	阿아	飾식	妙묘	等등
王왕	術술	毘비	修수	宮궁	法법	而이
大대	阿아	摩마	羅라	殿전	能능	爲위
力력	修수	質질	王왕		生성	上상
阿아	羅라	多다	所소		信신	首수
修수	王왕	羅라	謂위		解해	其기

사경의 공덕은 십만억 부처님께 공양한 것과 같은 공덕이 있습니다.

	精	等	王	阿	妙	羅
	정	등	왕	아	묘	라
復	勤	而	妙	修	莊	王
부	근	이	묘	수	장	왕
有	摧	爲	好	羅	嚴	徧
유	최	위	호	라	엄	변
不	伏	上	音	王	阿	照
불	복	상	음	왕	아	조
可	我	首	聲	出	修	阿
가	아	수	성	출	수	아
思	慢	其	阿	現	羅	修
사	만	기	아	현	라	수
議	及	數	修	勝	王	羅
의	급	수	수	승	왕	라
數	諸	無	羅	德	廣	王
수	제	무	라	덕	광	왕
迦	煩	量	王	阿	大	堅
가	번	량	왕	아	대	견
樓	惱	悉	如	修	因	固
루	뇌	실	여	수	인	고
羅		已	是	羅	慧	行
라		이	시	라	혜	행

사경의 공덕은 십만억 부처님께 공양한 것과 같은 공덕이 있습니다.

迦가	嚴엄	羅라	樓루	速속	無무	王왕
樓루	冠관	王왕	羅라	疾질	能능	所소
羅라	髻계	堅견	王왕	迦가	壞괴	謂위
王왕	迦가	固고	大대	樓루	寶보	大대
普보	樓루	淨정	海해	羅라	髻계	速속
觀관	羅라	光광	處처	王왕	迦가	疾질
海해	王왕	迦가	攝섭	心심	樓루	力력
迦가	普보	樓루	持지	不불	羅라	迦가
樓루	捷첩	羅라	力력	退퇴	王왕	樓루
羅라	示시	王왕	迦가	轉전	淸청	羅라
王왕	現현	巧교	樓루	迦가	淨정	王왕

사경의 공덕은 십만억 부처님께 공양한 것과 같은 공덕이 있습니다.

普音廣大目迦樓羅王 如是等 而為上首 不思議 數 悉已成就 大方便力 善能救攝 一切 眾生 復有無量 緊那羅王 所謂 善慧光明天 緊那羅王 妙華 緊那羅王 種種莊嚴 緊那羅王 幢緊那羅王

數	那	地	羅	緊	樹	羅
수	나	지	라	긴	수	라
無	羅	力	王	那	光	王
무	라	력	왕	나	광	왕
量	王	緊	微	羅	明	悅
량	왕	긴	미	라	명	열
皆	如	那	妙	王	緊	意
개	여	나	묘	왕	긴	의
勤	是	羅	華	最	那	吼
근	시	라	화	최	나	후
精	等	王	幢	勝	羅	聲
정	등	왕	당	승	라	성
進	而	攝	緊	光	王	緊
진	이	섭	긴	광	왕	긴
觀	爲	伏	那	莊	見	那
관	위	복	나	장	견	나
一	上	惡	羅	嚴	者	羅
일	상	악	라	엄	자	라
切	首	衆	王	緊	欣	王
체	수	중	왕	긴	흔	왕
法	其	緊	動	那	樂	寶
법	기	긴	동	나	락	보

사경의 공덕은 십만억 부처님께 공양한 것과 같은 공덕이 있습니다.

羅	伽	摩	音	謂		心
라	가	마	음	우		심
伽	王	睺	摩	善	復	恒
가	왕	후	마	선	부	항
王	如	羅	睺	慧	有	快
왕	여	라	후	혜	유	쾌
最	燈	伽	羅	摩	無	樂
최	등	가	라	마	무	락
勝	幢	王	伽	睺	量	自
승	당	왕	가	후	량	자
光	爲	妙	王	羅	摩	在
광	위	묘	왕	라	마	재
明	衆	目	勝	伽	睺	遊
명	중	목	승	가	후	유
幢	所	主	慧	王	羅	戱
당	소	주	혜	왕	라	희
摩	歸	摩	莊	淸	伽	
마	귀	마	장	청	가	
睺	摩	睺	嚴	淨	王	
후	마	후	엄	정	왕	
羅	睺	羅	髻	威	所	
라	후	라	계	위	소	

사경의 공덕은 십만억 부처님께 공양한 것과 같은 공덕이 있습니다.

	大	上	明	堅	妙	伽
	대	상	명	견	묘	가
復	方	首	摩	固	莊	王
부	방	수	마	고	장	왕
有	便	其	睺	摩	嚴	師
유	편	기	후	마	엄	사
無	令	數	羅	睺	音	子
무	영	수	라	후	음	자
量	諸	無	伽	羅	摩	臆
량	제	무	가	라	마	억
夜	衆	量	王	伽	睺	摩
야	중	량	왕	가	후	마
叉	生	皆	如	王	羅	睺
차	생	하	여	왕	라	후
王	永	勤	是	可	伽	羅
왕	영	근	시	가	가	라
所	割	修	等	愛	王	伽
소	할	수	등	애	왕	가
謂	癡	習	而	樂	須	王
위	치	습	이	락	수	왕
毘	網	廣	爲	光	彌	衆
비	망	광	위	광	기	중

사중의 공덕은 십만억 부처님께 공양한 것과 같은 공덕이 있습니다.

爲力大夜叉嚴沙
上壞軍叉王持門
首高夜王焰器夜
其山叉勇眼仗叉
數夜王健主夜王
無叉富臂夜叉自
量王資夜叉王在
皆如財叉王大音
勤是夜王金智夜
守等叉勇剛慧叉
護而王敵眼夜王

사경의 공덕은 십만억 부처님께 공양한 것과 같은 공덕이 있습니다.

普王王雲毗一
運無普音樓復切
大邊高妙博有眾
聲步雲幢叉無生
龍龍幢龍龍量
王王龍王王諸
無清王焰婆大
熱淨德口竭龍
惱色叉海羅王
龍龍迦光龍所
王王龍龍王謂

사경의 공덕은 십만억 부처님께 공양한 것과 같은 공덕이 있습니다.

益 익	王 왕	增 증		生 생	莫 막	如 여
行 행	善 선	長 장	復 부	熱 열	不 블	是 시
鳩 구	莊 장	鳩 구	有 유	惱 뇌	勤 근	等 등
槃 반	嚴 엄	槃 반	無 무	消 소	力 력	而 이
茶 다	幢 당	茶 다	量 량	滅 멸	興 흥	爲 위
王 왕	鳩 구	王 왕	鳩 구		雲 운	上 상
甚 심	槃 반	龍 용	槃 반		布 포	首 수
可 가	茶 다	主 주	茶 다		雨 우	其 기
怖 포	王 왕	鳩 구	王 왕		令 영	數 수
畏 외	普 보	槃 반	所 소		諸 제	無 무
鳩 구	饒 요	茶 다	謂 위		衆 중	量 량

사경의 공덕은 십만억 부처님께 공양한 것과 같은 공덕이 있습니다.

大 대	無 무	茶 다	王 왕	槃 반	高 고	槃 반
光 광	量 량	王 왕	廣 광	茶 다	峯 봉	茶 다
明 명	皆 개	如 여	大 대	王 왕	慧 혜	王 왕
	勤 근	是 시	天 천	無 무	鳩 구	美 미
	修 수	等 등	面 면	邊 변	槃 반	目 목
	學 학	而 이	阿 아	淨 정	茶 다	端 단
	無 무	爲 위	修 수	華 화	王 왕	嚴 엄
	礙 애	上 상	羅 라	眼 안	勇 용	鳩 구
	法 법	首 수	眼 안	鳩 구	健 건	槃 반
	門 문	其 기	鳩 구	槃 반	臂 비	茶 다
		放 방	數 수	槃 반	茶 다	鳩 구	王 왕

婆바	乾건	妙묘	婆바	王왕	持지
王왕	闥달	目목	王왕	淨정	國국	復부
金금	婆바	乾건	普보	目목	乾건	有유
剛강	王왕	闥달	音음	乾건	闥달	無무
樹수	普보	婆바	乾건	闥달	婆바	量량
華화	放방	王왕	闥달	婆바	王왕	乾건
幢당	寶보	妙묘	婆바	王왕	樹수	闥달
乾건	光광	音음	王왕	華화	光광	婆바
闥달	明명	師사	樂락	冠관	乾건	王왕
婆바	乾건	子자	搖요	乾건	闥달	所소
王왕	闥달	幢당	動동	闥달	婆바	謂위

사경의 공덕은 십만억 부처님께 공양한 것과 같은 공덕이 있습니다.

樂락	等등	大대	修수		天천	淨정
普보	而이	法법	不불	復부	子자	光광
現현	爲위	深심	倦권	有유	華화	明명
莊장	上상	生생		無무	王왕	天천
嚴엄	首수	信신		量량	髻계	子자
乾건	其기	解해		月월	光광	安안
闥달	數수	歡환		天천	明명	樂락
婆바	無무	喜희		子자	天천	世세
王왕	量량	愛애		所소	子자	間간
如여	皆개	重중		謂위	衆중	心심
是시	於어	勤근		月월	妙묘	天천

사경의 공덕은 십만억 부처님께 공양한 것과 같은 공덕이 있습니다.

大方廣佛華嚴經 59

子자 淨정 星성 子자 而이 發발
樹수 光광 宿숙 大대 衆중 復부
王왕 天천 王왕 上상 生생 有유
眼안 子자 自자 首수 心심 無무
光광 普보 在재 其기 寶보 量량
明명 遊유 天천 數수 　 日일
天천 不부 子자 無무 　 天천
子자 動동 淨정 量량 　 子자
示시 光광 覺각 皆개 　 所소
現현 天천 月월 勤근 　 謂위
淸청 子자 天천 顯현 　 日일

사경의 공덕은 십만억 부처님께 공양한 것과 같은 공덕이 있습니다.

如여	子자	寶보	光광	子자	畏외	天천
是시	持지	髻계	明명	勇용	敬경	子자
等등	勝승	普보	天천	猛맹	幢당	光광
而이	德덕	光광	子자	不불	天천	焰염
爲위	天천	明명	最최	退퇴	子자	眼안
上상	子자	天천	勝승	轉전	離이	天천
首수	普보	子자	幢당	天천	垢구	子자
其기	光광	光광	光광	子자	寶보	須수
數수	明명	明명	明명	妙묘	莊장	彌미
無무	天천	眼안	天천	華화	嚴엄	光광
量량	子자	天천	子자	纓영	天천	可가

사경의 공덕은 십만억 부처님께 공양한 것과 같은 공덕이 있습니다.

王	幢	音	謂		根	皆
可	名	天	釋	復		勤
愛	稱	王	迦	有		修
樂	天	慈	因	無		習
正	王	目	陀	量		利
念	發	寶	羅	三		益
天	生	髻	天	十		衆
王	喜	天	王	三		生
須	樂	王	普	天		增
彌	髻	寶	稱	王		其
勝	天	光	滿	所		善

사경의 공덕은 십만억 부처님께 공양한 것과 같은 공덕이 있습니다.

音天王　成就念天王　可愛樂
淨華光明天王　智日眼天王　自
在光明能覺悟天王　如是等
而爲上首　其數無量　皆勤發
起一切世間廣大之業
復有無量須夜摩天王　所
謂善時分天王　可愛樂光明

사경의 공덕은 십만억 부처님께 공양한 것과 같은 공덕이 있습니다.

廣 광	爲 위	觀 관	天 천	天 천	變 변	天 천
大 대	上 상	察 찰	王 왕	王 왕	化 화	王 왕
善 선	首 수	大 대	光 광	不 부	端 단	無 무
根 근	其 기	名 명	焰 염	思 사	嚴 엄	盡 진
心 심	數 수	稱 칭	天 천	議 의	天 천	慧 혜
常 상	無 무	天 천	王 왕	智 지	王 왕	功 공
喜 희	量 량	王 왕	光 광	慧 혜	總 총	德 덕
足 족	皆 개	如 여	照 조	天 천	持 지	幢 당
	勤 근	是 시	天 천	王 왕	大 대	天 천
	修 수	等 등	王 왕	輪 륜	光 광	王 왕
	習 습	而 이	普 보	臍 제	明 명	善 선

사경의 공덕은 십만억 부처님께 공양한 것과 같은 공덕이 있습니다.

莊 장	天 천	寶 보	靜 정	髻 계	天 천	
嚴 엄	王 왕	峯 봉	光 광	天 천	王 왕	復 부
幢 당	金 금	淨 정	天 천	王 왕	所 소	有 유
天 천	剛 강	月 월	王 왕	最 최	謂 위	不 불
王 왕	妙 묘	天 천	可 가	勝 승	知 지	可 가
可 가	光 광	王 왕	愛 애	功 공	足 족	思 사
愛 애	明 명	最 최	樂 락	德 덕	天 천	議 의
樂 락	天 천	勝 승	妙 묘	幢 당	王 왕	數 수
莊 장	王 왕	勇 용	目 목	天 천	喜 희	兜 도
嚴 엄	星 성	健 건	天 천	王 왕	樂 락	率 솔
天 천	宿 수	力 력	王 왕	寂 적	海 해	陀 타

사경의 공덕은 십만억 부처님께 공양한 것과 같은 공덕이 있습니다.

天천	王왕	善선		名명	數수	王왕
王왕	變변	變변	復부	號호	皆개	如여
念염	化화	化화	有유		勤근	是시
光광	力력	天천	無무		念념	等등
天천	光광	王왕	量량		持지	而이
王왕	明명	寂적	化화		一일	爲위
最최	天천	靜정	樂락		切체	上상
上상	王왕	音음	天천		諸제	首수
雲운	莊장	光광	王왕		佛불	不부
音음	嚴엄	明명	所소		所소	思사
天천	主주	天천	謂위		有유	議의

사경의 공덕은 십만억 부처님께 공양한 것과 같은 공덕이 있습니다.

所소		調조	等등	髻계	明명	王왕
謂위	復부	伏복	而이	天천	天천	衆중
得득	有유	一일	爲위	王왕	王왕	妙묘
自자	無무	切체	上상	普보	成성	最최
在재	數수	衆중	首수	見견	就취	勝승
天천	他타	生생	其기	十시	喜희	光광
王왕	化화	令영	數수	方방	慧혜	天천
妙묘	自자	得득	無무	天천	天천	王왕
目목	在재	解해	量량	王왕	王왕	妙묘
主주	天천	脫탈	皆개	如여	華화	髻계
天천	王왕		勤근	是시	光광	光광

사경의 공덕은 십만억 부처님께 공양한 것과 같은 공덕이 있습니다.

王(왕) 妙(묘) 冠(관) 幢(당) 天(천) 王(왕) 勇(용) 猛(맹) 慧(혜) 天(천) 王(왕)
妙(묘) 音(음) 句(구) 天(천) 王(왕) 妙(묘) 光(광) 幢(당) 天(천) 王(왕) 寂(적)
靜(정) 境(경) 界(계) 門(문) 天(천) 王(왕) 妙(묘) 輪(륜) 莊(장) 嚴(엄) 幢(당)
天(천) 王(왕) 華(화) 蘂(예) 慧(혜) 自(자) 在(재) 天(천) 天(천) 王(왕) 陀(다)
羅(라) 力(력) 妙(묘) 莊(장) 嚴(엄) 光(광) 明(명) 天(천) 王(왕) 如(여) 是(시)
等(등) 而(이) 爲(위) 上(상) 首(수) 其(기) 數(수) 無(무) 量(량) 皆(개) 勤(근)
修(수) 習(습) 自(자) 在(재) 方(방) 便(편) 廣(광) 大(대) 法(법) 門(문)

사경의 공덕은 십만억 부처님께 공양한 것과 같은 공덕이 있습니다.

大方廣佛華嚴經

海	天	天	言	光	謂	
音	王	王	音	明	尸	復
天	光	光	自	天	棄	有
王	明	徧	在	王	天	不
如	照	十	天	普	王	可
是	耀	方	王	雲	慧	數
等	眼	天	寂	音	光	大
而	天	王	靜	天	天	梵
爲	王	變	光	王	王	天
上	悅	化	明	觀	善	王
首	意	音	眼	世	慧	所

大方廣佛華嚴經

王	智	天	可		生	不
善	天	王	愛	復	舒	可
思	王	能	樂	有	光	稱
惟	可	自	光	無	普	數
音	愛	在	明	量	照	皆
天	樂	音	天	光	令	具
王	清	天	王	音	其	大
普	淨	王	清	天	快	慈
音	妙	最	淨	王	樂	憐
偏	音	勝	妙	所		愍
照	天	念	光	謂		衆

사경의 공덕은 십만억 부처님께 공양한 것과 같은 공덕이 있습니다.

寂 적	清 청		住 주	是 시	光 광	天 천
靜 정	淨 정	復 부	廣 광	等 등	明 명	王 왕
德 덕	名 명	有 유	大 대	而 이	天 천	甚 심
天 천	稱 칭	無 무	寂 적	爲 위	王 왕	深 심
王 왕	天 천	量 량	靜 정	上 상	最 최	光 광
須 수	王 왕	徧 변	喜 희	首 수	勝 승	音 음
彌 미	最 최	淨 정	樂 락	其 기	淨 정	天 천
音 음	勝 승	天 천	無 무	數 수	光 광	王 왕
天 천	見 견	王 왕	礙 애	無 무	天 천	無 무
王 왕	天 천	所 소	法 법	量 량	王 왕	垢 구
淨 정	王 왕	謂 위	門 문	皆 개	如 여	稱 칭

사경의 공덕은 십만억 부처님께 공양한 것과 같은 공덕이 있습니다.

念眼天自王嚴數於
眼天王在變天無諸
天王世化王量世
王可間天幢如悉間
可愛自樂天是己勤
愛樂在思王安作
樂主惟王等利
最天法宿爲益
最勝天變音廣
勝光王化妙大
光焰王莊首法
照天光其門

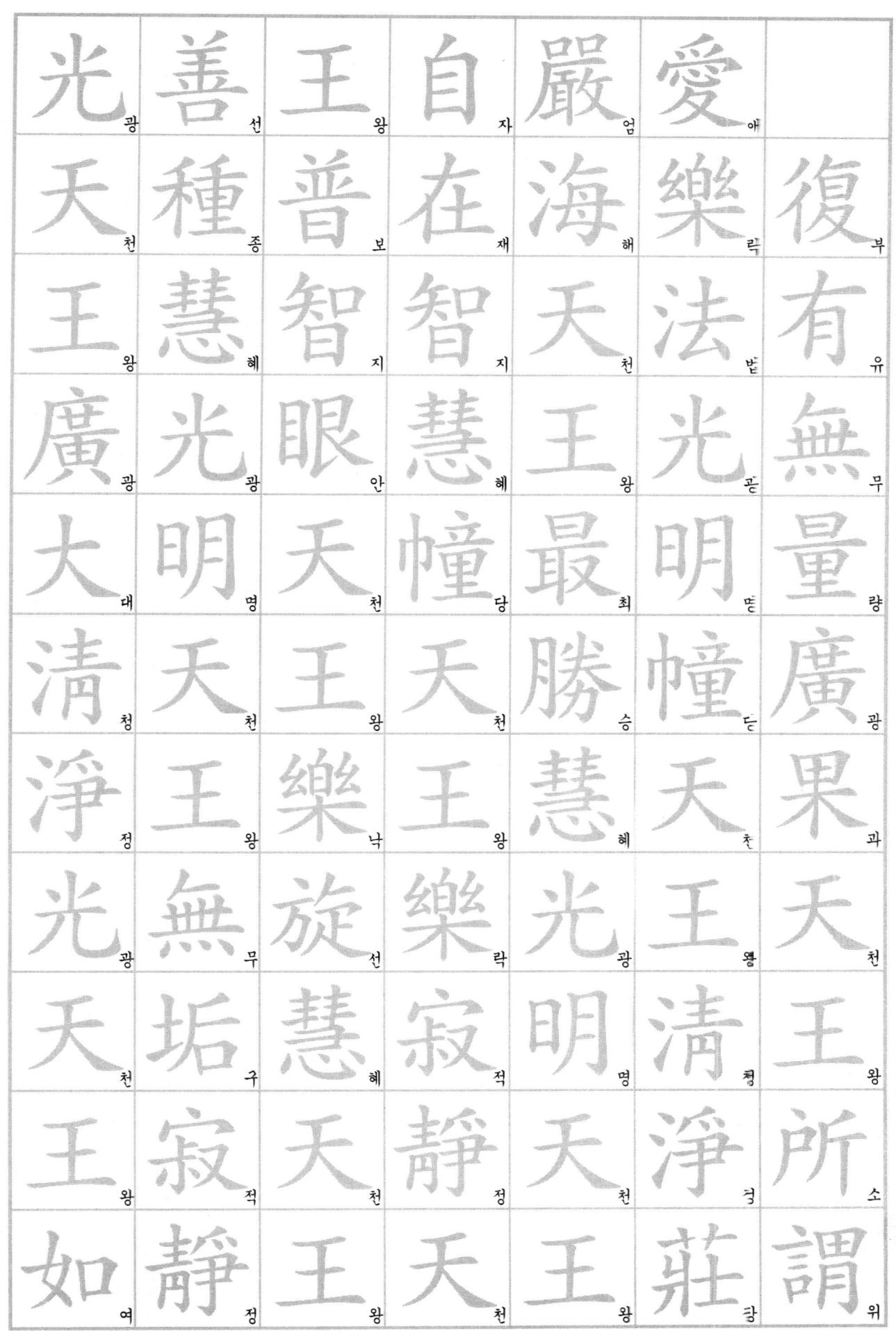

사경의 공덕은 십만억 부처님께 공양한 것과 같은 공덕이 있습니다.

樂락	天천	謂위		安안	不불	是시
大대	王왕	妙묘	復부	住주	皆개	等등
慧혜	淸청	焰염	有유	其기	以이	而이
天천	淨정	海해	無무	中중	寂적	爲위
王왕	功공	天천	數수		靜정	上상
不부	德덕	王왕	大대		之지	首수
動동	眼안	自자	自자		法법	其기
光광	天천	在재	在재		而이	數수
自자	王왕	名명	天천		爲위	無무
在재	可가	稱칭	王왕		宮궁	量량
天천	愛애	光광	所소		殿전	莫막

사경의 공덕은 십만억 부처님께 공양한 것과 같은 공덕이 있습니다.

		所	可	光	音	明	王
		行	稱	天	莊	天	妙
		平	數	王	嚴	王	莊
		等	皆	如	幢	可	嚴
			勤	是	天	愛	眼
			觀	等	王	樂	天
			察	而	極	大	王
			無	爲	精	智	善
			相	上	進	天	思
			之	首	名	王	惟
			法	不	稱	普	光

發 願 文

귀의 삼보하옵고
거룩하신 부처님께 발원하옵나이다.

주 소 : _____

전 화 : _____ 불명 : _____ 성명 : _____

불기 25 _____ 년 _____ 월 _____ 일